Efectividad de la Rehabilitación Cardiaca con Actividad Física dirigida frente a la aplicación de pulsómetro y Apps en pacientes con Insuficiencia cardiaca para mejorar la capacidad funcional. Ensayo clínico aleatorio.

Effectiveness of Cardiac Rehabilitation with Physical Activity directed against the application of heart rate monitor and Applications in patients with Cardiac Insufficiency to improve functional capacity. Randomized clinical trial.

Autor:

Emiliano Ruiz López

Maria de los Llanos Sánchez López

Rocío Castellano Bañon

Contenido

I.-RESUMEN.

Introducción: La rehabilitación cardiaca ha demostrado que tiene unos beneficios sobre pacientes con Insuficiencia Cardiaca. Con la aplicación de las nuevas tecnologías podemos avanzar en el seguimiento de los pacientes en la etapa extrahospitalaria.

Objetivo: Saber si pacientes cardiópatas con insuficiencia cardiaca tras la Rehabilitación Cardiaca con Actividad Física de Aeróbica y Anaeróbica con un programa dirigido en la última etapa extrahospitalaria mejora la capacidad funcional y fisiológica con la aplicación de pulsómetro y Apps.

Diseño: Proyecto de ensayo clínico aletorizado, con un grupo control, que realizara las actividades dirigidas durante 6 meses en casa pero harán una sesión semanal en la consulta de rehabilitación, y el experimental realizará las actividades dirigidas durante 6 meses mediante un pulsómetro y una APP y valorar a ambos grupos 6 meses después.

Muestra: 96 pacientes diagnosticados con insuficiencia cardiaca.

Variables: frecuencia cardiaca, tensión arterial, capacidad funcional, calidad de vida, adherencia y variables de riesgo.

Instrumentos: Utilizaremos pulsómetros, Tensiómetro, test Short Physical Performance Battery(SPPB), Minnesota Living with Heart Failure Questionnaire(MLHFQ), encuesta de datos sociodemográficos, índice de comorbilidad y aplicación nuevas tecnologías, tapiz rodante y espirometría y escala de Borg modificada.

<u>Análisis estadístico</u>: Las variables cuantitativas se expresan con la media y la desviación estándar. Las variables cualitativas se presentan según su frecuencia absoluta y relativa. Se comprobará en primer lugar la homogeneidad de los grupos control y experimental para aquellas variables que puedan influir en el resultado. Se comprobará si existen diferencias estadísticamente significativas entre los grupos para las principales variables de resultado.

<u>Aspectos éticos</u>: Investigación dirigida a ampliar conocimientos teóricos y prácticos, y reafirmar la importancia de la RC en el proceso asistencial de los pacientes que sufren de IC. Pasará por un comité de ética. No comprometeremos la integridad del paciente en las intervenciones y podrá retirarse en cualquier momento.

<u>Palabras clave</u>: Rehabilitación Cardiaca, Ejercicio, Insuficiencia Cardiaca, Aplicaciones de informática médica.

<u>Introduction</u>: Cardiac rehabilitation has a negative impact on patients with heart failure. With the application of new technologies can advance in the monitoring of patients in the out-hospital stage.

<u>Objective</u>: To know if cardiac patients with heart failure after Cardiac Rehabilitation with Aerobic and Anaerobic Physical Activity with a program directed in the last out-of-hospital stage improves the functional and physiological capacity with the application of heart rate monitor and Apps.

<u>Design</u>: A randomized clinical trial project, with a control group, that will carry out the activities directed during 6 months at home but will make a weekly

session in the rehabilitation consultation, and the experimental one will carry out the activities directed during 6 months by means of a heart rate monitor and an APP and assess both groups 6 months later.

Sample: 96 patients diagnosed with heart failure.

Variables: heart rate, blood pressure, functional capacity, quality of life, adherence and risk variables.

Instruments: We will use heart rate monitors, Tensiometer, Short Physical Performance Test (SPPB), Minnesota Living with Heart Failure Questionnaire (MLHFQ), sociodemographic data survey, comorbidity index and application of new technologies, treadmill and spirometry and modified Borg scale.

Statistical analysis: Quantitative variables are expressed with the mean and the standard deviation. The qualitative variables are presented according to their absolute and relative frequency. The homogeneity of the control and experimental groups will be checked first for those variables that may influence the result. It will be checked if there are statistically significant differences between the groups for the main outcome variables.

Ethical aspects: Research aimed at broadening theoretical and practical knowledge and reaffirming the importance of CR in the care process of patients suffering from HF. It will go through an ethics committee. We will not compromise the integrity of the patient in the interventions and may withdraw at any time.

keywords: Cardiac Rehabilitation, Exercise, Heart Failure, Medical Informatics Applications.

II.-INTRODUCCIÓN.

Hoy en día los avances tecnológicos y la investigación nos permite conocer poco a poco cómo funciona el cuerpo humano de forma casi precisa, y poder etiquetar las diferentes alteraciones que hasta entonces no tenían nombre, relacionar con una etiología para prevenir su aparición y descubrir el tratamiento que las corrija. No solo se producen avances en el campo del diagnóstico, sino en la prevención y seguimiento de los pacientes.

Una de las patologías en las que se ha avanzado tanto en la prevención, diagnóstico, tratamiento y rehabilitación son las relacionadas con el corazón, causa principal de la mortalidad en el mundo. Según la Organización Mundial de la Salud, los datos reflejan que en 2012 produjeron 17,5 millones de muertes (un 31% de todas las muertes registradas) relacionadas con los enfermedades cardiovasculares. Si desglosamos las muertes provocadas, vemos que 7,4 millones se debieron a la cardiopatía coronaria, y 6,7 millones a los accidentes cerebrovasculares[1].

De los 16 millones de muertes de personas < 70 años atribuibles a enfermedades no transmisibles, un 82% corresponden a los países de ingresos bajos y medios y un 37% se deben a las enfermedades cerebrovasculares. Estas muertes son evitables ya que los factores causantes se deben a factores de riesgo cardiovasculares [2].

Según la OMS son:"Las enfermedades cardiovasculares (ECV) son un grupo de desórdenes del corazón y de los vasos sanguíneos, entre los que se incluyen"[1]:

✓ La cardiopatía coronaria: enfermedad de los vasos sanguíneos que irrigan el músculo cardiaco. (la más común)

✓ Las enfermedades cerebrovasculares.

✓ Las arteriopatías periféricas: alteración estructural o enfermedad de los vasos que irrigan los miembros superiores e inferiores.

✓ La cardiopatía reumática: lesiones del músculo cardiaco y de las válvulas cardíacas debidas a la fiebre reumática.

✓ Las cardiopatías congénitas: malformaciones

✓ Las trombosis venosas profundas y embolias pulmonares.

La mayoría de las ECV pueden prevenirse actuando sobre factores de riesgo, (como el consumo de tabaco, las dietas desequilibradas y la obesidad, la inactividad física o el consumo nocivo de alcohol, la hipertensión arterial, la diabetes y la hiperlipidemia (2) utilizando estrategias que abarquen a toda la población. Para las personas con ECV o con alto riesgo cardiovascular, son fundamentales la prevención secundaria y el tratamiento inmediato, por medio de servicios de orientación o la administración de fármacos, según corresponda.

Los ataques al corazón y los accidentes vasculares cerebrales (AVC) suelen ser fenómenos agudos que se deben sobre todo a obstrucciones que impiden que la sangre fluya hacia el corazón o el cerebro. Entre las causas de la obstrucción tenemos la formación de depósitos de grasa en las paredes de los vasos sanguíneos que irrigan el corazón o el cerebro (más frecuente) y episodios hemorrágicos de los vasos cerebrales o coágulos de sangre.

En este trabajo nos centraremos en la insuficiencia cardiaca (IC) que aparece en muchas de las enfermedades cardiovasculares descritas al inicio, la IC se define como "la incapacidad del corazón para suplir a los tejidos periféricos con la cantidad necesaria de sangre y oxígeno para satisfacer sus demandas metabólicas". La causa de su aparición es una enfermedad cardiaca simultánea; pero también, enfermedades valvulares, anormalidades y trastornos endocárdicos o pericárdicos en la frecuencia/ritmo cardíaco también puede provocar un mal funcionamiento cardíaco como hemos visto al inicio(3,4).

Sobre la incidencia y prevalencia de la IC los resultados obtenidos en la bibliografía nos muestran que las tasas más altas se dan en la población de mayor edad (<65 años). La mayor incidencia y prevalencia, se dan en hombre y además tienen peor resultado. Sin embargo las mujeres sobreviven más tiempo una vez diagnosticada la insuficiencia cardiaca. Y en los países en vías de desarrollo la edad promedio es menor y la eficacia terapéutica la ciencia y el resultado de la enfermedad son mucho peores (4).

Entre los factores de riesgo que provocan la IC, podemos encontrar entre ellos: presión arterial alta, isquemia de miocardio e infarto de miocardio, hiperglucemia, intolerancia a la glucosa y diabetes, hipercolesteremia, apnea obstructiva del sueño, uso indebido de drogas y consumo excesivo de alcohol, trastornos del tejido conectivo, defectos cardíacos congénitos, historia familiar, fumar, obesidad, infecciones virales y arritmias (4).

En el tratamiento de estas enfermedades ha habido una gran evolución en las últimas décadas gracias al avance de las terapias quirúrgicas, médicas y preventivas que se refleja en la reducción de la mortalidad (2,5). Aparte de las alteraciones fisiopatológicas debemos hablar de la pérdida funcional y deterioro emocional y psicosocial (6,7) de los pacientes que sufren las alteraciones cardiovasculares, que limitan ciertas actividades de la vida diaria y su relación con los demás.

EL tratamiento de la IC se basa en:

1.- Tratamiento no farmacológico(8).

- ✓ Actividades destinadas a mantener y mejorar la condición física.
- ✓ Corregir hábitos que puedan empeorar la IC (alcohol, tabaco, dieta…).
- ✓ Educación sanitaria para la detección precoz de síntomas o signos de deterioro o descompensación.

2.- Tratamiento farmacológico(8).

- ✓ Tratamiento farmacológico en IC con fracción de eyección (FE) deprimida.
- ✓ Inhibidores de la enzima conversora de la angiotensina (ieca).
- ✓ Betabloqueantes.
- ✓ Diuréticos.
- ✓ Antialdosterónicos.
- ✓ Antagonistas del receptor de la angiotensina ii (ara-ii)
- ✓ Digoxina.
- ✓ Hidralazina y dinitrato de isosorbida
- ✓ Otros: Antagonistas del calcio, Amiodarona, Anticoagulantes orales.

3.- Tratamiento quirúrgico y con dispositivos médicos(8).

- ✓ Revascularización coronaria.
- ✓ Cirugía valvular.

✓ Implante de marcapasos.

✓ Terapia de resincronización cardiaca.

✓ Desfibrilador automático implantable.

✓ Trasplante cardiaco.

✓ Dispositivo de asistencia ventricular.

Apareció la una nueva área en la cardiología para evitar el desarrollo de estas enfermedades, lo que se conoce como Rehabilitación Cardiaca (RC) (prevención secundaria y terciaria). Dentro de la Organización Mundial para la Salud, el Comité de Expertos sobre la Rehabilitación de Pacientes con Enfermedades Cardiovasculares (1964) definió a la RC como las "intervenciones tendientes a acompañar las actividades necesarias para asegurar a los pacientes las mejores condiciones físicas, mentales, y sociales de manera que puedan, por sus propios medios, reanudar y mantener de la manera más normal posible su lugar en la comunidad"(1,5). Posteriormente, el Comité (1993) redefinió los objetivos de la RC, considerada a "mejorar la capacidad funcional, aliviar o disminuir los síntomas relacionados con la actividad, reducir la invalidez, y permitir al paciente cardíaco volver al rol útil y personalmente gratificante que tenía en la sociedad" (6). De manera que permite recuperar la funcionalidad y previene las evolución de la enfermedad cardiovascular con la disminución de la mortalidad por consecuencia de las enfermedades cardiovasculares, y vuelta al desarrollo de la vida social, tratando al paciente en todos los campos, como un ser integral (2,5,7,9).

Hay autores que remarcan la figura del "hábito" como objetivo de la RC ya que de no alcanzarlo muchos pacientes y profesionales ven un fracaso en la recaída o recidivas(2).

La RC es un campo de muy poca implantación en el ámbito sanitario de España, aunque tiende a ir aumentando (5), ya que se pueden observar los resultados tan beneficiosos que tiene en los pacientes cardiópatas (2,5–7,9,10). Entre estos beneficios debemos hacer referencia a los valores fisiológicos (7,10) y psicológicos(6,9) como es la reducción de la presión arterial sistólica y diastólica, reduce las resistencias periféricas y disminuye la frecuencia cardiaca (Anexo 1)(6,11,12); aumenta las HDL(6,10); disminuye el colesterol total, las LDL y los triglicéridos(6,10); mejora la función cardiorespiratoria (5); mejora la actividad motora y neuromuscular(2,10); mejora el estado anímico y estado de realización(6,9); aumento en la autoeficacia percibida mejora el funcionamiento y bienestar del ser humano(6);_disminución de la mortalidad global y de la mortalidad CV aproximada del 25-56%(2,5–7).

También hay beneficios a nivel económico al implementar las tratamientos de rehabilitación como aparece en un artículo, donde refleja que habría un ahorro de 1.641 euros en total por cada enfermo rehabilitado en el primer año y de 14.500 euros durante 6 años de seguimiento, con una reincorporación laboral del 85% de los pacientes rehabilitados, que hasta ahora es del 30% en España(1996) pero lo mismo se refleja en Gran Bretaña(2006-2007) y en Estados Unidos(2004) (5).

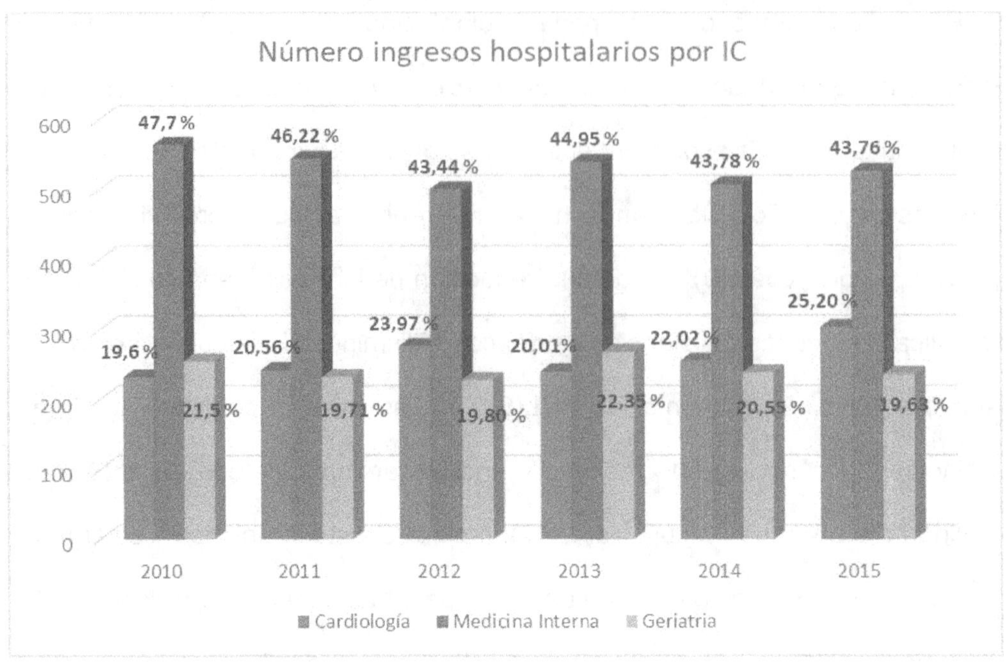

Dentro de los programas de rehabilitación cardiaca, están basados en un accionar continuo de 3 fases:(5,6,9)

1. <u>La fase I o intrahospitalaria</u> que se inicia en los días de ingreso hospitalario y con el fin de evitar las complicaciones del decúbito y del reposo prolongado para garantizar a los pacientes la capacidad de realizar sus actividades de la vida diaria(5).

2. <u>La fase II o de convalecencia</u>, desarrollada en el gimnasio de Rehabilitación Cardiaca , o en el domicilio si es un paciente de bajo riesgo, es donde se realizan las principales intervenciones sobre el paciente, y de la que va a depender en gran medida el éxito del programa. Suele iniciarse a las 2-3 semanas del alta tras el episodio coronario agudo o aproximadamente a las 4-6 semanas si se ha realizado una cirugía. La duración oscila entre las 8 y las 12 semanas (5).

<u>3. La fase III o de mantenimiento</u> es donde se consolida y mantiene todo lo aprendido anteriormente en su domicilio con apoyo de clubes coronarios y centros de salud. Es importante establecer controles y revisiones periódicas para evitar el abandono de los pacientes y garantizar el éxito de los Programas de Rehabilitación Cardíaca(5).

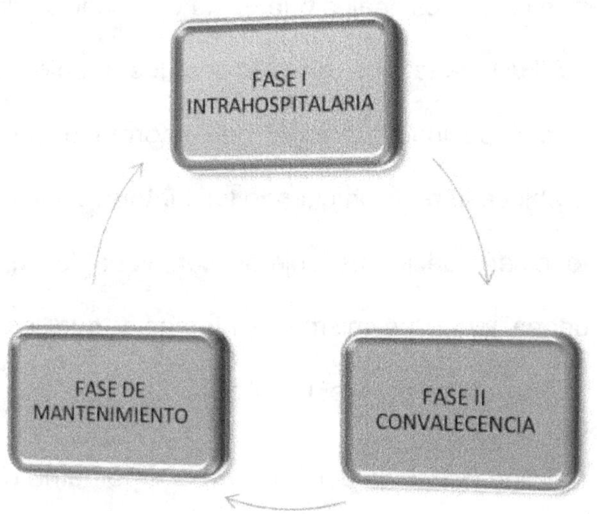

Según la bibliografía "Cuanto mayor sea la afectación, mayores son los beneficios que se obtienen de la RC, siendo los pacientes de mayor riesgo aquellos que presentan IC, isquemia miocárdica o riesgo de arritmias malignas"(5). Un elevado porcentaje de los pacientes pueden obtener beneficios de un programa de rehabilitación coronaria, pero adaptando la actividad al grado de su patología de base y con un grado de seguridad muy alto. Para ello deberemos seguir unas pautas al inicio del programa que se reúnen en el denominado proceso de estratificación(2,13).Que permite valorar el riesgo cardiovascular de los pacientes a través de diferentes pruebas según el protocolo.

Los métodos de estratificación son muy parecidos pero con diferencias, que se basan en una valoración de la capacidad funcional del sujeto (Short physical performance battery), función ventricular, posible isquemia residual y factores de riesgo, pero no tiene una relación clara entre los diferentes métodos(2).

Entre los diferentes formas de estratificar a los pacientes, hay una clasificación muy usada entre los profesionales que es la clasificación de la New York Heart Association (NYHA), esta nos proporciona los medios necesarios para la valoración de la capacidad funcional del enfermo desde un punto de vista clínico, que establece la relación cuando los síntomas y la disfunción ventricular es débil. Esto quiere decir que sujetos con variables grados de disfunción ventricular pueden tener los mismos síntomas y que los síntomas leves no indican disfunción ventricular leve(14).(Anexo 2)

Según la Fundación Española del Corazón la ergometría o prueba de esfuerzo es una técnica diagnóstica fundamental para el diagnóstico y para valorar la respuesta del corazón ante el ejercicio poniendo de manifiesto alteraciones cardiovasculares ocultas en reposo y que aparecen con el ejercicio físico(15).

La prueba de esfuerzo que es utilizada por la Sociedad Cardiológica Española nos permite valorar la capacidad aeróbica y determina la capacidad cardiorespiratoria, dando como dato el consumo máximo de oxígeno (VO$_2$max) con espirómetro o niveles de lactato en sangre, con estos dos métodos podemos realizar una medición precisa y directa, pero también existe la medición indirecta sin espirómetro o lactato, que es la frecuencia cardiaca (Fórmula de Karvonen y método del porcentaje de la frecuencia cardiaca máxima) y la escala de Borg , lo cual nos permite establecer una actuación precisa para elaborar un programa de rehabilitación individualizado(2,16,17)(Anexo 3).

Los criterios para considerar una prueba de esfuerzo de forma correcta son 2:

1. Aparición de una meseta en el comportamiento lineal del VO2 a pesar del aumento de la carga de trabajo,

2. Alcanzar la FC máxima teórica por edad (220- edad) y/o alcanzar una concentración de lactato en sangre mayor de 8 mmol/l.

Se sugieren protocolos individualizados con incrementos escalonados y que la prueba de esfuerzo tenga una duración total de esfuerzo de entre 8-12 minutos para respetar la cinética del oxígeno y tener una buena relación entre consumo de oxígeno, frecuencia cardiaca y carga de esfuerzo(2).

Los métodos más precisos deben de usarse al inicio del tratamiento para determinar de forma exacta los límites capacidad hemodinámica del paciente, pero en el ámbito de la práctica extrahospitalaria o en el entrenamiento se requieren otros métodos como la frecuencia cardiaca y la escala de Borg, para el control de la intensidad del entrenamiento. La frecuencia cardiaca tiene una estrecha relación con el consumo de oxígeno, sobre todo cuando la intensidad del ejercicio se encuentra entre el 50%-90% de la capacidad funcional(VO2max)(17). Por otro lado pero menos especifico, se utiliza escala de esfuerzo subjetiva como la escala de Borg en los entrenamientos, como medio para valorar el esfuerzo llevado a cabo por los pacientes en función de la tolerancia a la actividad física de forma subjetiva, normalmente se usa una escala de 15 puntos o también la modificada, esta escala puede verse alterada por otros factores(17,18)(anexo 4).

Una vez establecidos los límites fisiológicos de frecuencia cardiaca y consumo de oxígeno en los que el paciente debe desarrollar un programa de rehabilitación cardiaca, hasta la fecha existe extensa bibliografía sobre las actividades aeróbicas pero también se ha desmitificado que la actividad anaeróbica o de alta intensidad sea negativa en pacientes clínicamente estables sin isquemia y/o sin signos clínicos de insuficiencia cardiaca(2,19).

Hay estudios que refleja que se obtienen mejores resultados si se alternan tanto el trabajo aeróbico, como anaeróbico, disminuyendo la disnea, mejorando la calidad de vida de los pacientes y la capacidad cardiorespiratoria(19). Otro artículo refuerza la idea de introducir ejercicio de alta intensidad que compara un grupo de entrenamiento aeróbico continuo (45 minutos/sesión) y el grupo de entrenamiento de circuito que fue entrenado con mayor intensidad y menos volumen aeróbico, tuvo como objetivo evaluar la efectividad en la función cardíaca, así en cuanto a la capacidad aeróbica y la fuerza en pacientes post Infarto de miocardio con función del ventrículo izquierdo reducida, cuyos resultados muestran una mejora cardíaca en pacientes con función ventricular izquierda reducida con la participación del entrenamiento de resistencia(18).(anexo 5)

Según la bibliografía, la intolerancia al ejercicio es uno de los síntomas más característicos de la insuficiencia cardiaca, esta se cronifica (a más disnea, más reposo, más inmovilización y más atrofia muscular). También nos habla de que los pacientes con esta afectación deben hacer entrenamientos individualizados y adaptados, al igual que los pacientes con FE disminuida. Se deben tener en cuenta las siguientes consideraciones(2):

1. Los programas suelen tener una duración mayor (3 meses) y una menor exigencia física que los de los pacientes isquémicos.

2. Las fases de calentamiento y enfriamiento suelen ser más largas (10-15 minutos).

3. Las sesiones de Educación Física aeróbico suelen durar entre 30 y 40minutos, pero para los pacientes con una baja capacidad y/o una reciente inestabilidad hemodinámica, se prefieren duraciones más cortas al comienzo del programa (15 minutos) e ir avanzado de acuerdo a la tolerancia del paciente hasta alcanzar al menos los 30 minutos.

4. Los límites inferior y superior de la intensidad del entrenamiento aeróbico en pacientes con IC no han sido todavía establecidos. Quizás las cargas de trabajo aeróbico sean menores que las de los pacientes con CI estable. Se ha propuesto, como intensidad de entrenamiento óptima y segura,(alrededor de un 50-60% de VO2 máx). Sin embargo, hay una evidencia creciente de que los pacientes con IC también pueden ser entrenados a intensidades elevadas(2).

De esta manera es necesario conocer la relación que hay entre la frecuencia cardiaca y el consumo máximo de oxígeno que obtenemos de la prueba de esfuerzo. Un articulo estudió la relación de la frecuencia y el consumo de oxígeno en pacientes con infarto agudo de miocardio donde "se detectó una correlación significativa. Sin embargo, la correlación fue más débil en la etapa inicial de AMI, aunque mejoró con el tiempo"(20)(Anexo 6)

Por otro lado tenemos la valoración funcional y la calidad de vida, donde la valoración de la capacidad funcional se lleva a cabo con una batería de test físicos como es el Short physical performance battery (SPPB), donde se valora equilibrio, velocidad de la marcha y levantarse de la silla. Es una de las baterías que permite detectar la fragilidad y tiene elevada fiabilidad en predecir discapacidad(21) y la valoración de la calidad de vida la valoramos con Minnesota Living with Heart Failure Questionnaire(MLHFQ)(22), aspectos que en la bibliografía muestran como relevantes para reflejar las mejoras de la RC.

El programa de rehabilitación es llevado a cabo por un equipo multidisciplinar en el que la comunicación es el factor clave para el desarrollo de los objetivos marcados para cada paciente de forma individualizada(2,6,7). El equipo debe estar formado por cardiólogos, dietista, personal de enfermería, asistente social, fisioterapeutas, psiquiatra, médicos del deporte, médico rehabilitador, terapeuta ocupacional, psicólogos y licenciados en educación física y deporte.

Según Madueño Caro J.A. nos comenta que el papel de la enfermería debe estar presente en el proceso de rehabilitación cardiaca por la experiencia profesional en la educación y la prevención primaria, con el desarrollo de teorías para el autocuidado del paciente a través del proceso de enfermería, formando parte de los equipos multidisciplinares(6).

La enfermería, en la práctica asistencial y de atención al paciente buscamos corregir aquellos patrones que están alterados; en los pacientes que sufren una IC podemos encontrar los siguientes patrones alterados: Promoción de la salud y Actividad/ejercicio. Dentro del patrón de promoción de la salud encontramos los siguientes diagnósticos: estilo de vida sedentario, gestión ineficaz de la salud y riesgo de síndrome de fragilidad del anciano. Y del patrón de

Actividad/Reposo se pueden utilizar los siguientes diagnósticos: riesgo de deterioro de la función cardiaca, fatiga e intolerancia a la actividad. (23)

Como vemos en la literatura uno de los factores que determina que el programa de rehabilitación es el hábito o adherencia al programa que se define como "una conducta compleja que consta de una combinación de aspectos propiamente conductuales, unidos a otros relacionales y volitivos que conducen a la participación y comprensión del tratamiento por parte del paciente y del plan para su cumplimiento, de manera conjunta con el profesional de la salud, y la consiguiente respuesta modulada por una búsqueda activa y consciente de recursos para lograr el resultado esperado" (9). Quizá este sea uno de los factores condicionantes de que la rehabilitación cardiaca permita alcanzar sus objetivos, ya que como reflejan las estadísticas de los Estados Unidos sobre los bajos porcentajes en la fase extra-institucional de la rehabilitación cardiaca y afirman que solo el 35% de los pacientes presentan adherencia completa a planes caseros de terapia física y del 30% al 80% abandonan los programas de recuperación cardiaca(9). Otro autor relaciona la adherencia a la autoeficacia percibida, aspecto psicosocial que el tratamiento médico no lo valora, donde *Bandura* nos dice que cuando los niveles son elevados, aumenta el funcionamiento y el bienestar(24).

Todo esto es posible valorarlo con lo que conocemos gracias al avance tecnológico que permiten la adquisición, producción, almacenamiento, tratamiento, comunicación, registro y presentación de informaciones(25). Con el desarrollo de estas tecnologías podemos obtener valores fisiológicos que permiten obtener una valoración más exacta y un tratamiento con de forma más precoz. La implantación de estas tecnologías, ha supuesto grandes cambios en la metodología de trabajo de los centros sanitarios(26).

El papel de las TICs en las enfermedades cardiovasculares es el de ser una herramienta de apoyo para la transformación del modelo asistencial. De manera que tiene entre sus objetivos los siguientes(27):

- Mejorarla capacidad de resolución en la atención domiciliaria con proactividad, respuesta rápida y especializada.

- Disponibilidad de instrumentos para facilitar la participación e implicación de las personas en el cuidado de su salud y para mejorar su gestión.

- Incentivar la implicación de las personas en el cuidado de su salud.

Esto permite el desarrollo de las múltiples posibilidades en la prevención, valoración y desarrollo de tratamientos, que hasta el momento tenía una serie de limitaciones. Una de las herramientas que hoy en día son más accesibles para los pacientes cardiópatas fuera del área hospitalaria es el uso de pulsímetros, capaces de medir la frecuencia cardiaca en el momento que realice cualquier actividad física y permite realizar un historial de registros que pueden valorarse a posteriori.

Una vez desarrollada la importancia teórica y práctica de la rehabilitación cardiaca en todas las etapas del programa de rehabilitación es importante que la adherencia y la mejora de la capacidad cardiorespiratoria de los pacientes, para evitar muertes prematuras y posibles recidivas. Para ello podemos utilizar herramientas que los pacientes sean capaces de utilizar de forma autónoma y que a nosotros, como profesionales, nos aporten grandes cantidades de información para mantener o modificar los patrones o aspectos del protocolo de rehabilitación cardiaca de manera individualiza con el objetivo de evitar la pérdida de adherencia terapéutica.

Objetivos:

El objetivo de este proyecto de investigación es saber si pacientes cardiópatas con IC tras la RC con Actividad Física Aeróbica y Anaeróbica con un programa dirigido en la última etapa extrahospitalaria mejora la capacidad funcional y fisiológica con la aplicación de pulsómetro y Apps.

Donde tendremos como objetivo secundario:

a) Valorar la adherencia del tratamiento

b) Estabilizar la enfermedad arteriosclerótica y retrasar su progresión, valorar futuros eventos coronarios adversos y los ingresos, valorando el número de nuevos procedimientos invasivos y la mortalidad.

c) Calidad de vida de los pacientes antes y después de la intervención.

Como hipótesis de este estudio lo que buscamos la relación directa entre entrenamiento dirigido y la mejoría de la condición física del paciente con la ayuda de la aplicación de pulsómetro y la consecuente disminución de recidivas.

III.-METODOLOGIA

Este trabajo queremos desarrollar un proyecto de ensayo clínico aleatorizado.

Los criterios de inclusión que tendremos en cuenta en este estudio son, edad a partir de70 hasta 75 años, tanto de hombres como mujeres, diagnosticados en la unidad coronaria del Centro hospitalario de Albacete, con una valoración cardiaca en el tapiz rodante quieran ser participes en el programa de rehabilitación cardiaca.

Como criterios de exclusión tendremos que valorar que no tengan deterioro motor o cognitivo alto(Test Peiffer) e IC severa o de alto riesgo.

IV.-DISEÑO

1. **Muestra:**

Tras la búsqueda de diferentes estudios que se relacionen con este proyecto, los datos encontrados sobre IC y SPPB son escasos y se valoran de forma aísla o con otra clasificación de la capacidad funcional del paciente. Por lo tanto para calcular la muestra he utilizado un artículo que nos sirve como referencia para comparar los resultados obtenidos con SPPB en población de 70 o más años y comparamos dos grupos (28). Utilizamos los datos para comparar los resultados de los sujetos con 2 enfermedades (2,6) con los pacientes sin ninguna enfermedad (2,3) con una diferencia de medias de 1,5 (8-9,5) y con una relación 1/1, potencia del 80% y un nivel de confianza de 95%, con el fin de obtener unos valores parecidos a los pacientes sanos al ser intervenidos con el programa de RC. Con el uso de EPIDAT 4.2, obtenemos los siguientes resultados:

[1] Tamaños de muestra. Comparación de medias independientes:

Datos:

Varianzas:	Distintas
Diferencia de medias a detectar:	1,500
Desviación estándar esperada:	
Población 1:	2,600
Población 2:	2,300
Razón entre tamaños muestrales:	1,00
Nivel de confianza:	95,0%

Resultados:

Potencia (%)	Tamaño de la muestra		
	Población 1	Población 2	Total
80,0	44	44	88

Pero tendremos en cuenta las posibles pérdidas obtenidas en la investigación, aumentando un 10% la muestra en cada grupo, pasando a un total de 48 sujetos en cada grupo.

Aletorización: Los pacientes se seleccionarán consecutivamente entre los que cumplan los criterios de inclusión y no tengan los de exclusión. Se utilizara un generador de números aleatorios para obtener una secuencia aleatoria de los pacientes que se incluirán en el grupo experimental. Se utilizará el sistema de sobres cerrados para el enmascaramiento de esta secuencia.

2. **Variables.**

Variable independiente:

- ✓ <u>Intervención:</u> Se realizarán de 3 a 6 entrenamientos a la semana, de una duración de 50- minutos. Se realizarán trabajos como caminar, trotar, trabajo funcional, uso de mancuernas, ejercicios de equilibrio y flexibilidad.

  - ➢ Grupo control: Trabajo aeróbico y anaeróbico, cuyo entrenamiento será dirigido por un rehabilitador en la consulta una vez a la semana donde realizará un entrenamiento de control. Deberán concretar cada semana la hora de rehabilitación para adaptarse a los horarios. Se realizará la valoración en cada entrenamientos de:
    - ☞ FC inicial y final.
    - ☞ TA inicial y final.

    El resto de entrenamiento se hará de manera independiente, en cada uno de ellos valorará la intensidad con la escala de Borg.

  - ➢ Grupo experimental: Trabajo aeróbico y anaeróbico, se realizará de forma autónoma según el plan que se programará de forma telemática con el pulsómetro. El paciente tendrá que tomarse la TA una vez al día a la misma hora y apuntarlo en la hoja de registro y en cada uno de ellos valorará la intensidad con la escala de Borg.

Variables dependientes:

<u>Frecuencia cardiaca:</u> Cuantitativa discreta: (hetero/autoadministrado). Se valorará en cada entrenamiento en función de la actividad desarrollada, nos permite valorar la función cardiaca de forma indirecta.

<u>Tensión arterial (TA):</u> Cuantitativa discreta: (hetero/autoadministrado). Se valorará en cada día a la misma hora.

<u>Capacidad funcional o riesgo de fragilidad (SPPB):</u> (heteroadministrado). Cuantitativa ordinal: Esta valoración se realizará tanto en el grupo de control como en el experimental, al inicio de la investigación como al final de la misma. (Anexo 7)

<u>Calidad de vida (MLHFQ):</u> utilizaremos este cuestionario autoadministrado para analizar la calidad de vida de los pacientes antes y después de realizar la intervención.

<u>Variables de riesgo:</u>

- ✓ Muertes. Cuantitativa discreta.
- ✓ Recidivas o nuevos ingresos. Cuantitativa discreta. Si en el proceso de la RC acontece algún ingreso o episodio de IC en el paciente.

Como **variable interviniente**:

<u>La adherencia al tratamiento:</u> Para valorar la adherencia al tratamiento realizaremos una serie de preguntas que el paciente contestará sobre el plan de entrenamiento (Heteroadministrado). Cuantitativa discreta:

- ➢ Grupo control: controlaremos la realización con la asistencia a la actividad física programada. Los pacientes tendrán que acudir cada semana para realizar un entrenamiento dirigido y recoger sus entrenamientos semanales. Y nos verificarán que han cumplido con los entrenamientos establecidos. Aunque los resultados finales nos demostrarán que los resultados son correctos.

- ➤ Grupo experimental: podremos observar en la aplicación si los pacientes realizan las actividades programadas de manera telemática a través de APP. Los pacientes usaran " Polar m400" donde se les planificará los entrenamientos con antelación para que los realicen según las indicaciones. Donde quedará reflejado que los pacientes han realizado el entrenamiento.

- ➤ Ha realizado todas las sesiones: Cualitativa dicotómica. Si es negativa debe escribir la causa o motivo de no realizarlo.

  - No está claro.

  - No me gusta la forma de hacer ejercicio.

  - No dispongo de los recursos.

  - No me motiva la realización.

<u>Intensidad subjetiva:</u> Cuantitativa ordinal: (autoadministrado)

- ➤ Grupo control: Cuando vayan a los entrenamientos los pacientes habrán dirán, como se han sentido en el entrenamiento valorando la intensidad del 1 al 10.

- ➤ Grupo experimental: Los pacientes al acabar el entrenamiento pueden valorar la actividad realizada desde el pulsómetro calificándola del 1 al 10.

  * Si no son capaces de acabarlo también deben de indicarlo.

Otras variables:

<u>Sociodemográficos:</u> (autoadministrado) Los sujetos tendrán que contestar una serie de preguntas que contestaran. Se pedirá la información de:

- ➢ Sexo: cualitativa nominal V/M

- ➢ Edad: cuantitativa

- ➢ Trabajo: cualitativa nominal: si / no

- ➢ Estudios: cualitativa ordinal: Sin estudios / Primaria / Secundaria / Formación Profesional / Titulado universitario .

- ➢ Uso de móvil Cualitativa nominal: si / no

<u>Índice de comorbilidad</u>: En la misma hoja se le preguntara si padece alguna alteración metabólica como: (autoadministrado)

- ➢ Hipertensión: cualitativa nominal: si / no

- ➢ Diabetes: cualitativa nominal: si / no

- ➢ Hiperlipidemia: cualitativa nominal: si / no

<u>Aplicación nuevas tecnologías</u>: (autoadministrado) Con el fin de saber el nivel de los pacientes para iniciar el proyecto. Variable de intervención

- ➢ Se les preguntara si son usuarios de Smartphone. Cualitativa ordinal: Nunca/ solo llamadas / Internet / Apps e internet /Aplicaciones / Uso habitual.

- ➢ Uso del ordenador. Cualitativa ordinal: Nunca/ solo internet / uso de programas / Uso habitual.

- ➢ Uso de tablets. Cualitativa ordinal: Nunca/ Internet / Apps e internet /Aplicaciones / Uso habitual.

- ➢ Uso de relojes inteligentes. Cualitativa ordinal: Nunca/ Me defiendo / Uso habitual.

- ➢ Uso de podómetro. Cualitativa ordinal: Nunca/ Me defiendo / Uso habitual.

- ➢ Otros:

3. Instrumentos

Los instrumentos que utilizaremos son:

☞ <u>Pulsómetro</u>: mediremos la frecuencia cardiaca de los sujetos, de forma directa en paciente control y diferida con paciente experimental.

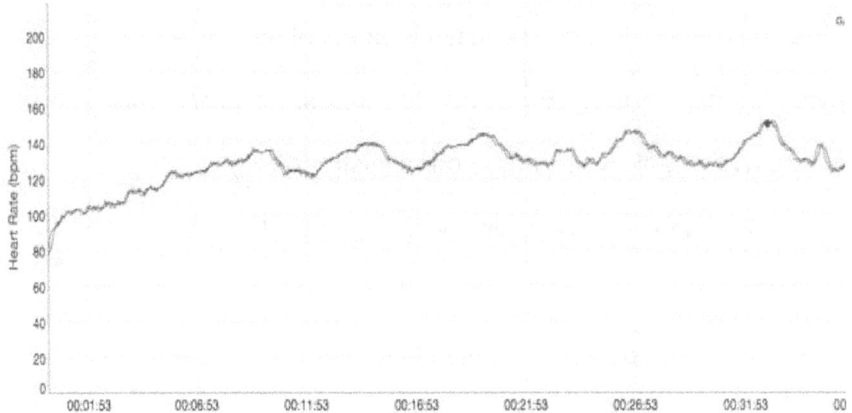

☞ <u>Escala de Borg modificada</u>: tras cada sesión de entrenamiento valorarán según la escala el nivel de intensidad del entrenamiento percibido. Esta escala está dividida en 10 números (1-10) donde el menor nivel de intensidad percibida es el 1 y 10 el máximo.(17)

☞ <u>SPPB</u>: Consiste en la realización de tres pruebas (21,28)(Anexo 7):

✓ Equilibrio: en el test de equilibrio el participante intenta mantener 3 posiciones: pies juntos, semitándem y tándem durante 10 s cada uno. Estos subtests siguen una secuencia jerárquica.

✓ Velocidad de la marcha: en el test de velocidad de la marcha, el participante anda a su ritmo habitual una distancia de 4 m. Este test se realiza 2 veces y se registra el tiempo más breve.

✓ Levantarse y sentarse en una silla 5 veces: en el test de levantarse y sentarse en una silla 5 veces, el participante se levanta y se sienta en una silla 5 veces, de la forma más rápida posible, y se registra el tiempo total empleado. Cada test se puntúa de 0 (peor rendimiento) a 4 (mejor rendimiento): para el test de equilibrio según una combinación jerárquica del desempeño en los 3 subtests componentes y para los otros 2 tests se asigna una puntuación de 0 a aquellos que no completan o intentan la tarea y puntuaciones de 1 a 4 en función del tiempo empleado.

Además, se obtiene una puntuación total para toda la batería que es la suma de la de los 3 tests y que oscila entre 0 y 124,6.

☞ <u>Minnesota Living with Heart Failure Questionnaire (MLHFQ)</u>: Es un cuestionario auto administrado, consta de 21 ítems, distribuidas en dos dimensiones: física (8 ítems) y emocional (5 ítems). Las opciones de respuesta van de 0 a 5, donde 0 dice que CVRS no afectada y 5 que corresponde al máximo impacto en la CVRS. La puntuación general (0-105), se obtiene al sumar todas las respuestas, para el uso de este cuestionario hay que tener la autorización de su autor(22).

	¿Su insuficiencia cardíaca le impidió vivir como hubiese querido durante el último mes por:	NO APLICA	MUY POCO				MUCHO
DF	1. Causarle hinchazón en los tobillos o piernas?	0	1	2	3	4	5
DF	2. Hacer que tenga que sentarse o recostarse para descansar durante el día?	0	1	2	3	4	5
DF	3. Causarle dificultad para caminar o subir escaleras?	0	1	2	3	4	5
DF	4. Causarle dificultad para realizar trabajos en la casa o el jardín)	0	1	2	3	4	5
DF	5. Causarle dificultad para ir a lugares alejados de su casa?	0	1	2	3	4	5
DF	6. Causarle dificultad para dormir bien de noche?	0	1	2	3	4	5
	7. Causarle dificultad para relacionarse o hacer cosas con sus amigos o familiares?	0	1	2	3	4	5
	8. Causarle dificultad para trabajar y ganar un sueldo?	0	1	2	3	4	5
	9. Causarle dificultad con sus pasatiempos, deportes o hobbies?	0	1	2	3	4	5
	10. Causarle dificultad en las relaciones sexuales?	0	1	2	3	4	5
	11. Hacer que tenga que comer menos de las comidas que a Ud. Le gustan?	0	1	2	3	4	5
DF	12. Causarle falta de aire?	0	1	2	3	4	5
DF	13. Hacer que se sienta cansado, fatigado o con poca energía?	0	1	2	3	4	5
	14. Hacer que tenga que estar internado en un hospital o sanatorio?	0	1	2	3	4	5
	15. Producirle gastos en salud?	0	1	2	3	4	5
	16. Causarle efectos colaterales / indeseables a causa de la medicación?	0	1	2	3	4	5
DE	17. Hacer que se sienta una carga para su familia o amigos?	0	1	2	3	4	5
DE	18. Hacerle sentir que tiene un menor control sobre su vida?	0	1	2	3	4	5
DE	19. Causarle preocupación?	0	1	2	3	4	5
DE	20. Causarle dificultad para concentrarse o recordar cosas?	0	1	2	3	4	5
DE	21. Hacer que se sienta deprimido?	0	1	2	3	4	5

Dimensión física (sumatorio items 1-2-3-4-5-6-12-13):	
Dimensión emocional (sumatorio items 17-18-19-20-21):	
Dimensión total (sumatorio total):	

☞ <u>Tensiómetro</u>: Aparato para medir la TA de los pacientes. Los de grupo experimental se les proporcionará uno en el caso de no tener uno propio. Tanto el grupo control como el experimental se medirán la TA 1 vez al día a la misma hora.

☞ <u>Encuesta de datos sociodemograficos, índice de comorbilidad y aplicación nuevas tecnologías.</u>

☞ <u>Tapiz rodante y espirometría</u>: nos permitirá la valoración inicial del riesgo cardiovascular del paciente antes de iniciar la intervención.

4. Recogida de información.

El desarrollo del proyecto consta de 3 fases, en un total de 6 meses, que definiremos a continuación:

En la 1ª Etapa los pacientes son captados en consultas externas del área de cardiología del hospital general de Albacete. Después lo enviarán a la consulta de rehabilitación donde pasaran a la siguiente etapa.

En la 2ª Etapa, una vez en la consulta de rehabilitación, donde los profesionales explicaran el objetivo del proyecto y le ofrecerán la opción de participar en él. Tras la confirmación y firma del consentimiento el médico realizaran una valoración de la insuficiencia cardiaca del paciente. Realizarán una prueba de esfuerzo para valorar el límite del trabajo cardiaco del paciente, se le pasara unos cuestionarios anteriormente explicados (sociodemográficos, índice de comorbilidad, aplicación de las nuevas tecnologías ,Test Pfeiffer...). También se realizara una medición de la funcionalidad del paciente con "short physical performance battery" y también para valorar el riesgo de fragilidad, y el cuestionario (MLHFQ) para medir el impacto en la calidad de vida de los pacientes antes de la intervención.

Una vez establecido al grupo que pertenece, se continuara:

✓ Grupo de control: Los pacientes recibirán un entrenamiento semanal, según se acuerde con el paciente en fechas fijas. En cada entrenamiento se le preguntará como han sido de intensos según la escala de Borg modificada para cada entrenamiento realizado. Podremos realizar adaptaciones de trabajo a aquellos que les impida realizar cierto tipo de actividades y se establecerá un horario de atención a los pacientes en caso de notar algún signo o síntoma que pueda aparecer.

✓ Grupo experimental: Antes de comenzar las entrenamientos dirigidos, realizaremos una sesión explicativa de la utilización del pulsómetro, donde explicaremos(29):

☞ Historial de entrenamientos.

☞ Selección del entrenamiento.

☞ Iniciar el entrenamiento.

☞ Fin y registro del entrenamiento.

☞ Valoración del entrenamiento con la escala de Borg modificada.

☞ Traspaso de la información del pulsómetro a la APP o programa.

*se realizará en dos tandas de 24 personas.

Una vez establecido los pacientes en cada grupo y haber explicado el proceso del estudio el trabajo se realizará según el cronograma. (Anexo 8)

El programa de entrenamientos consistirá en la progresión de ejercicios tanto aeróbicos y anaeróbicos. para ello debemos respetar los principios generales de entrenamiento, que en el ejercicio aeróbico son la especificidad y sobrecarga, mientras que en el anaeróbico son el de especificidad, sobrecarga y progresión durante 6 meses(16,17).

En el ultimo día se volverá a realiza una medición antropométrica para valorar al inicio, evolución y final del proceso de entrenamiento dirigido. También se realizara una medición de la funcionalidad del paciente con "short physical performance battery" y también para valorar de nuevo el riesgo de fragilidad y el cuestionario (MLHFQ) para medir el impacto en la calidad de vida de los pacientes tras la intervención.

Tras seis meses se volverá a realizar de nuevo el SPPB y MLHFQ , medición de TA , FC para valorar si los beneficios obtenidos se mantienen en el tiempo.

En la 3ª Etapa se analizarán los datos para obtener resultados del proyecto.

5. Análisis estadístico.

El análisis se realizará por intención de tratar.

Análisis descriptivo: Las variables cuantitativas se expresan mediante la media y la desviación estándar. Las variables cualitativas se presentan según su frecuencia absoluta y relativa.

Debemos saber si se cumplen las condiciones de normalidad aplicando Shapiro-Wilk o kolmogorov-smirnov, en función de si los grupos superan o no los 50 sujetos. Si son condiciones de normalidad se utilizaría el t de studient. Si no son condiciones de normalidad se utilizaría el U Mann Whitney.

Análisis bivariante: Se comprobará en primer lugar la homogeneidad de los grupos control y experimental para aquellas variables que puedan influir en el resultado. Después de procederá a comprobar si existen diferencias estadísticamente significativas entre los grupos para las principales variables de resultado.

Las diferencias de medias se estimarán mediante la t de Student o U Mann Whitney. Las diferencias entre proporciones se estimarán mediante la prueba de la X^2. El análisis se realizará con SPSS versión 24. Así podemos contrastar las hipótesis con la relación de variables.

ACCIÓN	VARIABLES	MEDIDAS
Actividad Física Dirigida/Pulsómetro	FC (Pulsómetro)	t de Student U Mann Whitney
Actividad Física Dirigida/Pulsómetro	Cap. Funcional (SPPB)	t de Student U Mann Whitney
Actividad Física Dirigida/Pulsómetro	TA (Tensiómetro)	t de Student U Mann Whitney
Actividad Física Dirigida/Pulsómetro	Comorbilidades y Variables de riesgo (seguimiento)	X^2
Actividad Física Dirigida/Pulsómetro	(Test Sociodemográfico)	t de Student y X^2
Actividad Física Dirigida/Pulsómetro	Percepción subjetiva (Escala de Borg)	t de Student U Mann Whitney

6. Aspectos éticos.

Esta investigación está dirigida a ampliar conocimientos teóricos y prácticos, y reafirmar la importancia de la RC en el proceso asistencial de los pacientes que sufren de IC. Pasará por un comité de ética antes de llevar a cabo esta investigación para su evaluación.

No realizaremos ninguna intervención en la que podamos comprometer la integridad del paciente en alguna de las intervenciones, por lo tanto no es necesario tener un seguro en caso de accidente. El paciente está en su derecho de retirarse de la investigación en el momento que lo necesite.

En cumplimiento de lo establecido en la LEY 14/2007, de 3 de julio, de Investigación biomédica. "...recoge una relación precisa que pone los límites del principio de libertad de la investigación en la defensa de la dignidad e identidad del ser humano y en la protección de su salud, y se regulan de manera específica el consentimiento informado y el derecho a la información, la protección de datos personales y el deber de confidencialidad...".

En cumplimiento de lo establecido en la Ley Orgánica 15/1999, de 13 de diciembre, de Protección de Datos de Carácter Personal, en el Real Decreto 1720/2007, de 21 de diciembre, que aprueba el Reglamento de desarrollo de la Ley Orgánica 15/1999, de 13 de diciembre, y en el Decreto 104/2008, de 22 de julio, de Protección de Datos de Carácter Personal en la Junta de Comunidades de Castilla-La Mancha, informaremos que los datos personales obtenidos mediante la participación del proyecto de investigación solo serán usados con este fin. También, se le informa que puede ejercitar los derechos de rectificación, cancelación y oposición, dirigiendo un escrito a la persona titular de la investigación.

Para poder formar parte de la muestra del estudio es necesario firmar la hoja de consentimiento informado(Anexo 9). El consentimiento informado es voluntario, donde confirma su deseo de formar parte de la investigación, debe ser conocedor que la información, los documentos obtenidos y el consentimiento informado deben pasar por el comité de ética y también debe ser comprendido por el paciente.

Este trabajo se ha ajustado la normativas estándar Consort 2010 Checklist.

7. Limitaciones o sesgos.

Dentro de las limitaciones debemos de tener en cuenta la capacidad funcional y locomotora de los pacientes, los riesgos de realizar actividad física dirigida que bajo la supervisión de los sanitarios serán mínimos, y también la dificultad de medir la actividad que los sujetos realicen a parte del programa llevado a cabo en el estudio.

Por último el enmascaramiento es difícil ya que los propios sujetos y el investigador saben a qué grupo pertenecen, pero los datos obtenidos son valores fisiológicos (objetivos), donde el paciente no puede enmascararlos.

8. Presupuesto

Utilizaremos 24 pulsómetros (2000€), tapiz rodante (1000€), espirómetro (1000€) y otros gastos (500€).

V.-BIBLIOGRAFÍA:

1. Organización Mundial de laSalud. Enfermedades cardiovasculares [Internet]. [citado 26 de marzo de 2018]. Disponible en: http://www.who.int/es/news-room/fact-sheets/detail/cardiovascular-diseases-(cvds)

2. Fernandez de Bobadilla Osorio J, García-Porrero E, Luengo-Fernández E, Casasnovas-Lenguas JA. Actualidades en cardiología preventiva y rehabilitación Jaime. Rev Esp Cardiol. 2012;65(Supl 1):59-64.

3. Choe Y, Han JY, Choi IS, Park HK. Changes in Oxygen Consumption and Heart Rate After Acute Myocardial Infarction During 6-Month Follow-up. PM and R. . [revista en Internet] 2018; [acceso 19 de Noviembre de 2017]. Disponible en: https://www.pmrjournal.org/article/S1934-1482(17)31448-X/p.

4. Tanai E, Frantz S. Pathophysiology of heart failure. Compr Physiol. 2016;6(1):187-214.

5. Berenguel Senén A, Martín Sierra C, Gallango Brejano M. Actualización en rehabilitación cardíaca y prevención secundaria. Med. 2017;12(37):2232-42.

6. Madueño Caro AJ, Mellado Fernández ML, Delgado Pacheco J, Muñoz Ayllon M, Pardos Lafarga M, Saez García L. Autoeficacia percibida, rasgos de personalidad y biotipos previos a programa de rehabilitación cardíaca en atención primaria de salud. Enferm Clin. 2017;27(6):346-51.

7. Grima-serrano A, García-porrero E, Luengo-fernández E, Latre L. Cardiología preventiva y rehabilitación cardiaca. 2011;64(Supl 1):66-72.

8. González Juanatey JR, Varela Román A, Gómez Otero I, Grigorian Shamagian L, Otero Barreiro MC, Otero Fernández D, et al. Manual de diagnóstico y tratamiento de insuficiencia cardíaca crónica [Internet]. Santiago; [citado 4 de abril de 2018]. p. 31-62. Disponible en: https://www.sergas.es/gal/publicaciones/docs/atespecializada/pdf-2057-ga.pdf

9. Rocha-Nieto LM, Herrera-Delgado C, Vargas-Olano MO. Adherencia al Tratamiento en Rehabilitación Cardíaca: Diseño y Validación de un Programa de Intervención Biopsicosocial. Rev Colomb Psicol. 2017;26(1):61.

10. Dunlop R. Supplementary evidence to support tai chi as an «alternative» exercise for patients undergoing cardiac rehabilitation. Focus Altern Complement Ther. 2011;16(4):307-8.

11. Kong HH, Bang HJ, Ko JU, Lee GJ. The Differences in Cardiac Rehabilitation Outcomes by Age in Myocardial Infarction : A Preliminary Study. Ann Rehabil Med 2017;41(6):1047-54.

12. Aramendi JF, Emparanza JI. Resumen de las evidencias científicas de la eficacia del ejercicio físico en las enfermedades cardiovasculares. Rev Andaluza Med del Deport. 2015;8(3):115-29.

13. Santos AAS, Silva AKF, Vanderlei FM, Christofaro DGD, Gonçalves AFL, Vanderlei LCM. Analysis of agreement between cardiac risk stratification protocols applied to participants of a center for cardiac rehabilitation. Brazilian J Phys Ther. 2016;20(4):298-305.

14. Vilches Moraga A, Rodríguez Pascual C. Insuficiencia cardíaca y geriatría. Rev Esp Geriatr Gerontol. 2009;44(2):57-60.

15. Higueras Ortega L. La ergometría o prueba de esfuerzo [Internet]. 2015 [citado 12 de abril de 2018]. Disponible en: http://www.fundaciondelcorazon.com/informacion-para-pacientes/metodos-diagnosticos/ergometria.html

16. aechle TR, Earle RW, Wathen D. Parte I Prescripción del entrenamiento anaerobico. En: Baechle TR, Earle RW. Principios del entrenamiento de la fuerza y del acondicionamiento físico. 2ª edición. España: Editorial Médica Panamericana. 2013. p. 393-425.

17. effrey potteiger A. Parte II Prescripción del ejercicio aeróbico. En: Baechle TR, Earle RW. Principios del entrenamiento de la fuerza y del acondicionamiento físico. 2ª edicion. España: Editorial Médica Panamericana p. 493-513.

18. Dor-Haim H, Barak S, Horowitz M, Yaakobi E, Katzburg S, Swissa M, et al. Improvement in cardiac dysfunction with a novel circuit training method combining simultaneous aerobic-resistance exercises. A randomized trial. PLoS One. 2018;13(1):1-14.

19. Delgado Acosta H, Acuña Corrales E. Efecto de un programa de ejercicio aeróbico y un circuito de pesas sobre la calidad de vida, disnea y resistencia cardiorespiratoria en sujetos con enfermdad pulmonar crónica. Revista MHSalud.2007;4(1):1-8.

20. Atehortúa DS, Gallo JA, Rico M, Durango L. Efecto de un programa de rehabilitación cardiaca basado en ejercicio sobre la capacidad física, la función cardiaca y la calidad de vida, en pacientes con falla cardiaca. Rev Colomb Cardiol [Internet]. 2011;18(1):25-36. Disponible en: http://linkinghub.elsevier.com/retrieve/pii/S0120563311701632

21. Abizanda P, Espinosa JM, Juárez R, López A. Documento de consenso sobre prevención de fragilidad y caídas en la persona mayor: Estrategia

de Promoción de la Salud y Prevención en el SNS [Internet]. 2014 [citado 10 de marzo de 2018]. p. 21-24;52-56. Disponible en: https://www.msssi.gob.es/profesionales/saludPublica/prevPromocion/Estrategia/docs/FragilidadyCaidas_personamayor.pdf

22.   Gómez-Marcos MA, Agudo-Conde C, Torcal J, Echevarria P, Domingo M, Arietaleanizbeascoa M, et al. Características basales y cambios en el tratamiento tras el periodo de optimización de los pacientes incluidos en el estudio EFICAR. Aten Primaria. 2016;48(3):166-74.

23.   Herdman TH (Ed), Kamitsuru S (Ed). Nursing diagnoses 2015-2017 : definitions and classification. 2014. Oxford: Wiley Blackwell.2014

24.   Bandura A. Self-efficacy : the exercise of control. New York, NY, US: W.H. Freeman/Times Books/ Henry Holt & Co; 1997.

25.   Fernandez Cacho LM, Gordo Vega MÁ, Laso Cavadas S. Enfermería y Salud 2.0.Recursos tics en el ámbito sanitario. Index Enferm (Gran) 2016; 25(1-2):51-55.

26.   Escayola Calvo J. Contribuciones a Estándares y Tecnologías de Comunicación en dispositivos médicos para e-salud: Integración en Aplicaciones de Telemonitorización y Gestión de la Información[tesis docotral]. Universidad de Zaragoza; 2012.

27.   Cuyàs FG, Pedro MDS, Castelltor AL. Especial Las TIC para la atención a crónicos Las TICs y la Gestión de Pacientes Crónicos Especial Las TIC para la atención a crónicos [Internet]. [citado 3 de marzo de 2018]. p. 11-3. Disponible en: www.ticsalut.cat/media/upload/pdf/article-tics-i-cronics-fgc_editora_21_193_1.pdf

28.   Cabrero-García J, Muñoz-Mendoza CL, Cabañero-Martínez MJ, González-Llopís L, Ramos-Pichardo JD, Reig-Ferrer A. Valores de referencia de la Short Physical Performance Battery para pacientes de 70 y más años en atención primaria de salud. Aten Primaria. 2012;44(9):540-8.

29.   Manual polar M 400 [Internet]. Disponible en: http://www.polar.com/e_manuals/M400/Polar_M400_user_manual_Espanol/manual.pdf

VI.-ANEXOS:

<u>Anexo 1:</u>

Variable	<55 yr (n=16)			≥55 yr (n=16)		
	Baseline	After CR	% change	Baseline	After CR	% change
Duration (s)	833.3±85.5	932.6±106.8**	12.3±11.1	752.0±108.7[a]	885.3±127.6**	18.7±16.0
HR_{rest} (beats/min)	75.0±12.3	69.4±8.4**	−6.7±7.5	72.3±9.6	67.2±11.6*	−6.8±11.2
HR_{submax} (beats/min)	101.0±8.4	97.9±8.5	−2.6±9.7	105.9±18.7	97.3±13.6**	−7.2±9.4
HR_{max} (beats/min)	146.5±11.3	153.3±14.6	5.0±10.8	136.6±17.1	144.3±17.2*	6.0±8.2
SBP_{rest} (mmHg)	112.1±11.5	111.4±10.8	−0.5±4.8	114.2±11.9	109.1±12.9*	−4.3±8.2
SBP_{submax} (mmHg)	138.0±18.4	130.7±15.9	−4.6±11.7	149.1±20.2	138.3±18.3*	−6.7±10.6
SBP_{max} (mmHg)	172.4±30.5	169.4±20.6	−0.2±12.4	168.9±21.0	175.9±22.1*	4.4±9.4
DBP_{rest} (mmHg)	71.6±12.0	69.4±10.6	−1.8±14.7	65.0±7.9[a]	65.4±10.1	1.4±16.0
DBP_{max} (mmHg)	75.3±9.7	77.4±13.1	4.1±20.4	71.2±12.3	67.6±9.0	−3.4±14.4
RPP_{submax}	139.2±20.3	128.1±20.5*	−7.0±15.8	159.5±43.7	135.4±35.0**	−13.0±16.2
RPP_{max}	245.5±51.6	250.8±39.6	4.5±17.4	226.4±45.4	248.1±52.9*	10.4±15.0
VO_{2max} (mL/kg/min)	29.8±5.8	32.0±6.9*	7.6±11.8	25.7±5.3[a]	29.0±5.2**	13.6±10.1
V_{Emax} (L/min)	77.8±23.5	84.2±22.1*	10.3±18.6	61.8±12.1[a]	71.4±18.5*	16.2±25.3
AT	1.39±0.33	1.54±0.40*	11.4±14.6	1.14±0.26	1.34±0.32**	19.6±27.3
$O_{2pulsemax}$	15.4±2.8	15.9±3.7	2.9±12.1	12.6±2.9[a]	13.5±2.7*	8.5±12.1
RER	1.11±0.10	1.17±0.11	5.2±10.4	1.08±0.14	1.12±0.14	5.4±17.8

Values are presented as mean±standard deviation.

CR, cardiac rehabilitation; HR, heart rate; SBP, systolic blood pressure; DBP, diastolic blood pressure; RPP, rate pressure product; VO_{2max}, maximal oxygen consumption; V_{Emax}, maximal ventilation; AT, anaerobic threshold; $O_{2pulsemax}$, maximal oxygen pulse; RER, respiratory exchange ratio.

*p<0.05 for baseline and after CR in each group.

**p<0.01 for baseline and after CR in each group.

[a]p<0.05 for comparing the young and the old at baseline.

Clasificación según la NYH	
Clase	Síntomas
I	Sin limitaciones en la actividad física.
II	La actividad física habitual causa disnea, cansancio o palpitaciones.
III	Gran limitación en la actividad física. Sin síntomas en reposo, pero cualquier actividad física provoca los síntomas.
IV	Incapacidad para realizar actividad física, síntomas incluso en reposo.

Karvonen Formula
Heart Rate Reserve Method

The Karvonen formula has four steps:

1.) 220- age = estimated max HR

2.) Estimated max HR – resting HR = HR reserve (HRR)

3.) HHR x percentage (e.g., 60%) = percent of HRR

4.) Percent of HRR + resting HR = target HR

Escala de Borg Original	
1	
6	
7	Muy, muy suave
8	
9	Muy suave
10	
11	Bastante Suave
12	
13	Algo Duro
14	
15	Duro
16	
17	Muy Duro
18	
19	Muy, muy duro
20	

Escala de Borg Modificada	
0	Muy, muy suave
1	Muy suave
2	Muy Suave
3	Suave
4	Moderado
5	Algo Duro
6	Duro
7	
8	Muy Duro
9	
10	Muy, Muy Duro

Anexo 5

Primary and secondary outcome measures		Training group	
		Continuous aerobic training	Super-circuit training
		Cohen's d effect size	Cohen's d effect size
Echocardiography	E/A	-0.14	-0.44
	E/e'	-0.48	-0.81*
	LVEF	0.20	0.75
Aerobic capacity	Metabolic equivalent	0.36	1.08*
	Rate pressure product	-0.14	0.91*
Strength (kilograms)		1.00*	0.65
Quality of life	Physical component	0.58	1.00*
	Mental component	1.31*	0.87*

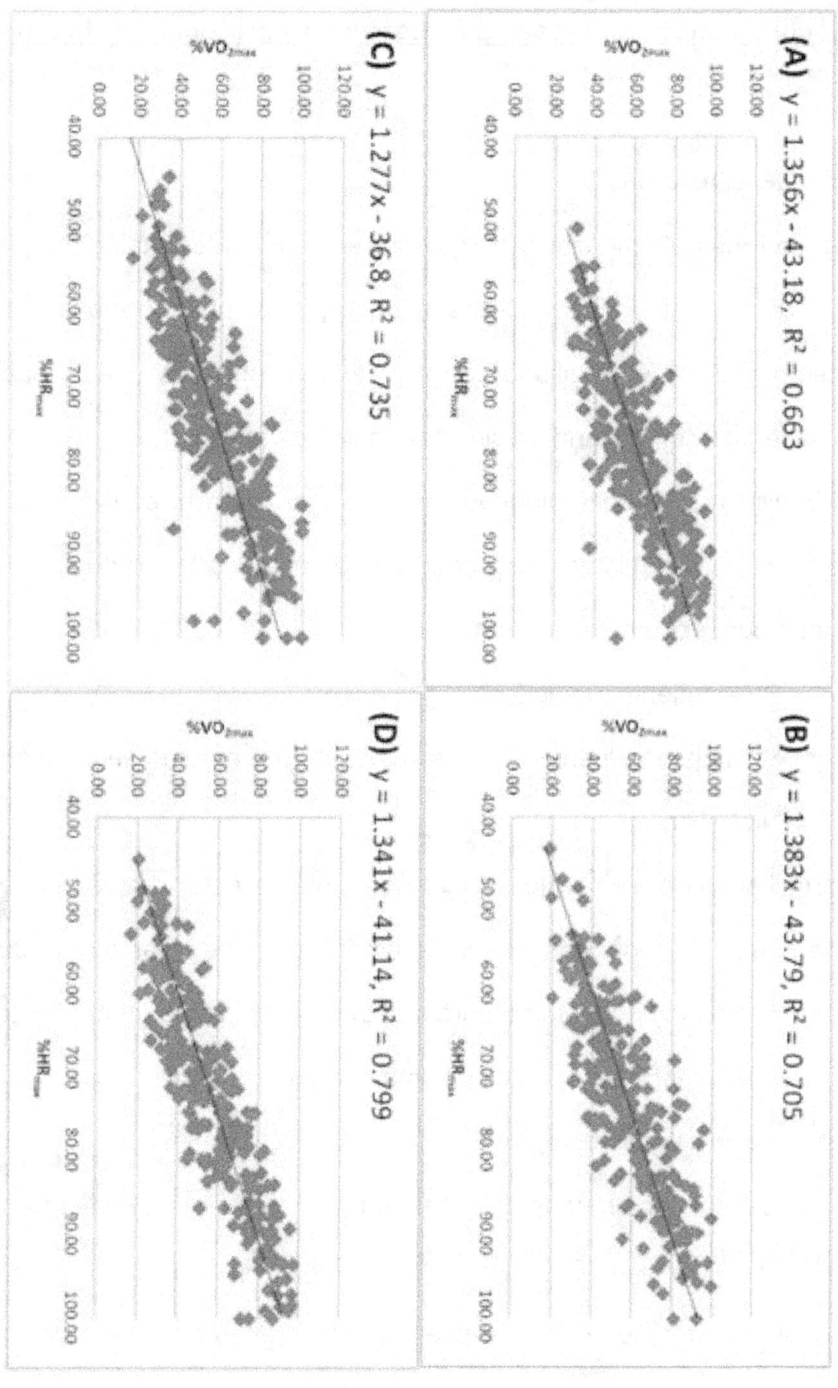

(A) y = 1.356x - 43.18, R² = 0.663
(B) y = 1.383x - 43.79, R² = 0.705
(C) y = 1.277x - 36.8, R² = 0.735
(D) y = 1.341x - 41.14, R² = 0.799
%VO2max
%HRmax

<u>Anexo 7:</u>

<u>Short Physical Performance Battery (SPPB o Test de Guralnik). A continuación se presenta un esquema y protocolo de la ejecución de la prueba:</u>

TEST DE EQUILIBRIO

Instrucciones: Comenzar con equilibrio en semitándem (talón de un pie a la altura del dedo gordo del otro pie). Los sujetos que no pueden mantener esta posición deberán intentar el equilibrio con pies juntos. Aquéllos que sí puedan, deberán probar la posición en tándem sin pasar por la de pies juntos.

a. Equilibrio en semitándem: Quiero que mantenga el equilibrio con el lateral de un talón tocando el lateral del dedo gordo del otro pié, alrededor de 10 segundos. Puede poner el pié que prefiera delante.

- Se mantiene 10 seg 2
- Se mantiene menos de 10 seg (apuntar número de segundos ….…...) 1
- No lo consigue 0

b. Equilibrio con pies juntos: Quiero que intente estar de pié con los pies juntos, durante 10 segundos aproximadamente. Puede usar sus brazos, doblar las rodillas o mover el cuerpo para mantener el equilibrio, pero intente no mover los pies. Mantenga esta posición hasta que yo se lo diga.

- Se mantiene 10 seg 2
- Se mantiene menos de 10 seg (apuntar número de segundos ….…...) 1
- No lo consigue 0

c. Equilibrio en tándem: Ahora quiero que mantenga el equilibrio con un pie delante de otro, tocando el talón de uno la punta del otro, durante 10 segundos. Puede poner delante el pie que usted quiera. Espere mientras se lo demuestro.

(Mantenerse cerca del participante para ayudarle a adoptar la posición. Permitir que el sujeto se apoye en sus brazos hasta que se equilibre. Empiece a cronometrar cuando el participante esté equilibrado con los pies en tándem).

- Se mantiene 10 seg 2

- Se mantiene menos de 10 seg (apuntar número de segundos ………) 1

- No lo consigue 0

Puntuación:

- Equilibrio con pies juntos incapaz o entre 0-9 seg 0

- Equilibrio con pies juntos 10 seg y < 10 seg semitándem 1

- Semitándem 10 seg y tándem entre 0 y 2 seg 2

- Semitándem 10 seg y tándem entre 3 y 9 seg 3

- Tándem 10 seg 4

DEAMBULACIÓN 2,44 o 4,00 METROS

Instrucciones: Tiene que caminar a su ritmo normal hasta donde está el final del pasillo. Tiene que haber pasado la marca final antes de pararse. Puede emplear bastón, andador o cualquier ayuda que usted emplee para caminar por la calle. Yo caminaré con usted. ¿Está preparado?

Puntuación: Comience a cronometrar cuando el participante empiece a caminar y pare el cronómetro cuando el último pie haya sobrepasado la marca de la distancia a recorrer. Distancia 2,44 metros Distancia 4 metros m/s Puntuación

- No puede hacerlo No puede hacerlo 0

- > 5,7 seg > 8,7 seg < 0,43 m/seg 1

- 4,1 - 6,5 seg 6,21 – 8,70 seg 0,44-0,60 m/seg 2

• 3,2 - 4,0 seg 4,82 – 6,20 seg 0,61-0,77 m/seg 3

• < 3,1 seg < 4,82 seg > 0,78 m/s) 4

LEVANTARSE DE UNA SILLA REPETIDAS VECES

Instrucciones: ¿Cree que es seguro para usted intentar levantarse de una silla 5 veces sin emplear los brazos? Por favor, levántese y siéntese tan rápido como pueda 5 veces sin pararse entre medias. Mantenga los brazos cruzados sobre su pecho todo el tiempo. Le voy a cronometrar el tiempo que tarda mientras lo hace. ¿Está preparado? Comience.

Puntuación: Comience a cronometrar cuando el sujeto inicia el primer levantamiento. Cuente en alto cada vez que el participante se levanta. Termine de cronometrar cuando el sujeto esté totalmente de pié la última vez. Parar el cronómetro si se ayuda de las manos, si después de 1 minuto no ha completado la prueba o si está preocupado por la seguridad del participante.

• No puede hacer la prueba 0

• ≥ 16,7 seg 1• Entre 16,6 y 13,7 seg 2

• Entre 13,6 y 11,2 seg 3

• ≤ 11,1 seg 4

Test de "levántate y anda" cronometrado (Timed Up and Go Test "TUG")

La prueba del TUG155 consiste en medir el tiempo que tarda la persona en levantarse de una silla con reposabrazos, caminar 3 metros, girarse y regresar a la silla y sentarse; se tiene que hacer la prueba una vez a modo de prueba y luego dos veces siendo cronometrado. Su tiempo de administración es de 1-2 minutos. Se suele considerar que está correcto si lo realiza en 10 segundos o menos, cuando es mayor o igual de 20 segundos se considera que el anciano tiene un elevado riesgo de caídas156, 157 y este es el dintel para detectar la fragilidad.

Velocidad de la marcha

Consiste en pedir a la persona que recorra 2,4; 4; 5; 6 o 10 m de distancia a su ritmo de marcha habitual, aunque para su uso en el medio de Atención Primaria, se puede adaptar a una distancia de 3 o 4 metros158, 159. Los puntos de corte más utilizados para determinar el dintel de riesgo suele situarse entre 1 y 0,8m/seg, siendo esta última la cifra de corte más extendida en los diferentes estudios y recomendaciones de consenso160. El tiempo de realización de la prueba oscila entre 2 y 3minutos. En el caso de velocidad sobre 4 metros, existen datos de interpretabilidad que indican como menor cambio significativo la cifra de 0,05 m/s, y como cambio sustancial 0,1 m/s161. Esta prueba sobre 4 metros es la que se encuentra mejor validada en la bibliografía.

		Trabajo umbral aeróbico
MES 1	Valoración inicial Trabajo aérobico 50-60 % VO2 MAX (3 sesiones/sem)	Trabajo umbral aeróbico
MES 2	Trabajo aérobico 55-60-65 % VO2 MAX (3 sesiones/sem) Ejercicios de musculación 15 RM (1 sesión/sem)	Trabajo umbral aeróbico/ Hipertrofia muscular
MES 3	Trabajo aérobico 60-65-70 % VO2 MAX (3 sesiones/sem) Ejercicios de musculación 12 RM (2 sesiones/sem) Tren inferior	Trabajo umbral aeróbico y anaeróbico/ Hipertrofia muscular
MES 4	Trabajo aérobico 65-75% VO2 MAX (3 sesiones/sem) Ejercicios de musculación 10 RM (3 sesiones)	Trabajo umbral aeróbico y anaeróbico/ Hipertrofia

		muscular
MES 5	Trabajo aérobico 55-75 % VO2 MAX(3 sesiones/sem) Ejercicios de musculación 10 RM(3 sesiones)	Trabajo umbral aeróbico y -anaeróbico/ Hipertrofia muscular
MES 6	Trabajo aérobico 55-75 % VO2 MAX(3 sesiones/sem) Ejercicios de musculación 8-6 RM(3 sesiones)	Trabajo umbral aeróbico y anaeróbico/ Potencia muscular
	Valoración final	
MES 8		
MES 9		
MES 10		
MES 11		
MES 12	Valoración de los efectos mantenidos en el tiempo	

<u>HOJA DE INFORMACIÓN:</u>

<u>Efectividad de la Rehabilitación Cardiaca con Actividad Física dirigida frente a la aplicación de pulsómetro y Apps en pacientes con Insuficiencia cardiaca para mejorar la capacidad funcional. Ensayo clínico aleatorio</u>.

*

Hola, soy Emiliano Ruiz López, alumno de la Universidad de Castilla La Mancha.

Nos dirigimos a usted para informarle de que ha sido invitado a participar en un estudio de investigación. Queremos que reciba la información suficiente para que comprenda en que se basa el estudio y poder decidir si quiere o no participar en esta investigación, donde tiene la opción de consultarlo con quien desee. Debe saber que la participación es voluntaria y en caso de que quiera abandonar el estudio, no hay ningún impedimento y a su vez no se verá interrumpida su atención por parte del sistema sanitario público.

El **objetivo** de este proyecto de investigación es saber si pacientes con insuficiencia cardiaca tras la Rehabilitación mejora la capacidad funcional y calidad de vida con el uso de pulsómetro y aplicaciones frente a un programa de ejercicio dirigido.

El **desarrollo** del proyecto consta de 3 periodos, en un total de 1 año, que definiremos a continuación:

- En la 1ª Etapa los pacientes deciden participar en la investigación.

- En la 2ª Etapa, en la consulta de rehabilitación, los profesionales explicarán el objetivo del proyecto. Se colocan por azar a los pacientes en uno de los dos grupos, donde los investigadores y participantes no pueden decidir a qué grupo va a pertenecer:

  ✓ Grupo de control: Hará un entrenamiento semanal dirigido por un sanitario en el hospital y el resto de manera individual en casa, según se acuerde con el paciente en fechas fijas. Los entrenamiento serán graduales e irán aumentando la intensidad y duración. Mediciones en casa:

    ☞ Pulsaciones: Antes y 1 minuto después del entrenamiento

    ☞ Tensión: todos los días a la misma hora.

    ☞ Intensidad subjetiva tras el entrenamiento.

  ✓ Grupo experimental: Antes de comenzar las entrenamientos, realizaremos una sesión explicativa de la utilización del pulsómetro y como seguir el plan de entrenamiento. Los entrenamiento serán graduales e irán aumentando la intensidad y duración. Los entrenamientos los hará desde casa con el uso del pulsómetro, en caso de cualquier duda puede llamar al número de contacto. Debe conectar el pulsómetro al ordenador cada dos días o bien acudir a la consulta del rehabilitador una vez a la semana y apuntar la intensidad de cada entrenamiento.

A ambos grupos harán una prueba de esfuerzo, para poder planificar los entrenamiento y después se les realizará una valoración de su estado de salud que consiste:

- Frecuencia cardiaca

- Tensión arterial (TA)

- Capacidad funcional o riesgo de fragilidad (SPPB)

- Calidad de vida (MLHFQ)

En el último día se volverá a realiza una medición para valorar el inicio, evolución y final del proceso de entrenamiento dirigido.

- Tras seis meses después de finalizar los entrenamientos, se hará una nueva valoración del estado de salud para ver si se mantiene el estado de salud alcanzado.

Es necesario reseñar que la realización de ejercicio(ejercicios habituakes de la RC) puede dar lugar a complicaciones, latido cardíaco o presión arterial anormal, función cardíaca limitada, dolor en el pecho y ataque al corazón o paro cardíaco. Esta última posibilidad es sumamente rara, si se respetan las normas de seguridad establecidas por el médico. El Council Scientific Affairs (1981) de la American Association considera que el riesgo del ejercicio es perfectamente asumible en función de los beneficios que reporta, como son la mejora en el control de su nivel de colesterol y azúcar en la sangre, la pierda peso, desarrollo de la fuerza, mejora estado físico y niveles de energía y mejora la circulación en sus brazos, manos, piernas y pies.

Para **minimizar los riesgos** el paciente debe tener en cuenta:

1. Es absolutamente esencial que transmita al profesional del programa (cardiólogo, enfermera, psicólogo, profesor de entrenamiento físico) cualquier tipo de anormalidad (dolores, mareos o malestar general) que pueda haber presentado durante el entrenamiento o las actividades diarias.

2. Seguirá las normas que se describen en los documentos que se administran.

<<Los investigadores se compromete al cumplimiento de la Ley Orgánica 15/1999, de 13 de diciembre de protección de datos de carácter personal y al Real Decreto que la desarrolla (RD 1720/2007). Los datos recogidos para el estudio estarán identificados mediante un código, de manera que no incluya información que pueda identificarle, y sólo su médico del estudio/colaboradores podrá relacionar dichos datos con usted y con su historia clínica. Por lo tanto, su identidad no será revelada a persona alguna salvo excepciones en caso de urgencia médica o requerimiento legal. El tratamiento, la comunicación y la cesión de los datos de carácter personal de todos los participantes se ajustarán a lo dispuesto en esta ley>>.

Debe saber que puede ser excluido del estudio si el investigador del estudio lo consideran oportuno, ya sea por motivos de seguridad, por cualquier acontecimiento adverso que se produzca en estudio o porque consideren que no está cumpliendo con los procedimientos establecidos. En cualquiera de los casos, usted recibirá una explicación adecuada del motivo que ha ocasionado su retirada del estudio.

Al firmar la hoja de consentimiento adjunta, se compromete a cumplir con los procedimientos del estudio que se le han expuesto.

<u>**CONSENTIMIENTO INFORMADO.**</u>

Efectividad de la Rehabilitación Cardiaca con Actividad Física dirigida frente a la aplicación de pulsómetro y Apps en pacientes con Insuficiencia cardiaca para mejorar la capacidad funcional. Ensayo clínico aleatorio.

Yo:____

_________(nombre y apellido)

☐He leído la hoja de información que se me ha entregado sobre el estudio.

☐ He podido hacer preguntas sobre el estudio.

☐ He recibido suficiente información sobre el estudio..

☐ He hablado con Emiliano Ruiz López

☐ Comprendo que mi participación es voluntaria.

☐ Comprendo que puedo retirarme del estudio:

   - Cuando quiera.

   - Sin tener que dar explicaciones.

   - Sin que esto repercuta en mis cuidados médicos.

Recibiré una copia firmada y fechada de este documento de consentimiento informado Presto libremente mi conformidad para participar en el estudio.

Firma del participante   Firma del investigador

Fecha: _____/_____/_____   Fecha: _____/_____/_____

(Nombre, firma y fecha de puño y letra por el paciente)

Deseo que me comuniquen la información derivada de la investigación que pueda ser relevante para mí salud: SÍ NO

Firma del participante   Firma del investigador

Fecha: _____/_____/_____   Fecha: _____/_____/_____

(Nombre, firma y fecha de puño y letra por el paciente)